Earth Matters
Land

Nuestro planeta es importante
La tierra

Dana Meachen Rau

Marshall Cavendish
Benchmark
New York

Earth has lots of land. Land can have lots of trees. It can be dry and rocky. Land looks different wherever you go.

———❖———

En nuestro planeta hay mucha tierra. En la tierra puede haber muchos árboles. La tierra puede ser seca y rocosa. Dondequiera que vayas, la tierra es diferente.

The seven large land areas on Earth are *continents*. Asia is the largest continent. Australia is the smallest.

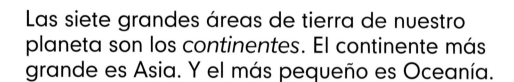

Las siete grandes áreas de tierra de nuestro planeta son los *continentes*. El continente más grande es Asia. Y el más pequeño es Oceanía.

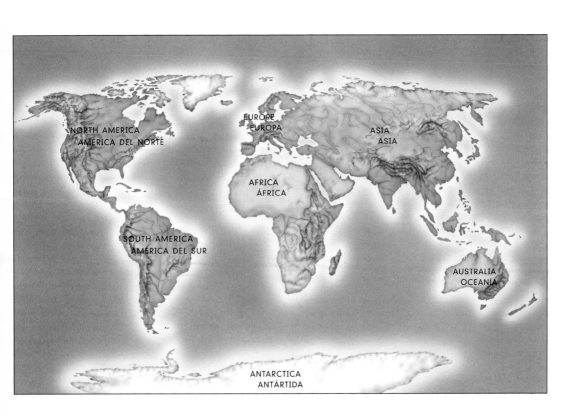

NORTH AMERICA
AMÉRICA DEL NORTE

EUROPE
EUROPA

ASIA
ASIA

AFRICA
ÁFRICA

SOUTH AMERICA
AMÉRICA DEL SUR

AUSTRALIA
OCEANÍA

ANTARCTICA
ANTÁRTIDA

Continents have mountains. The tops of mountains are high above the ground. Mount Everest, in Asia, is Earth's tallest mountain.

Los continentes tienen montañas. Las cimas de las montañas se elevan a grandes alturas sobre el suelo. La montaña más alta de la Tierra es el monte Everest, en Asia.

Plains are flat areas of land. Hills and *valleys* are high and low areas of land.

———❖———

Las *llanuras* son áreas de tierra plana. Las colinas son áreas de tierra alta y los *valles* son áreas de tierra baja.

Caves are holes in the land that go deep underground.

————◆————

Las cuevas son huecos en la tierra que se internan profundamente debajo de ella.

Farmland is covered with soil.

Las tierras de cultivo están cubiertas de mantillo o suelo fértil.

A seashore is covered with sand.

Las playas están cubiertas de arena.

Water and wind change the land. This change is called *erosion*. A river of water cuts through the land. The water even wears away the rock.

El agua y el viento cambian la tierra. Este cambio se llama *erosión*. Un río de agua se abre camino por entre la tierra. El agua desgasta hasta la roca.

Wind blows away soil and sand. Wind makes *dunes* on a beach.

———————❖———————

El viento erosiona el mantillo y la arena. El viento forma *dunas* en una playa.

The continents are on Earth's thick *crust*. The crust is made of hard rock. It has many separate parts.

———————◆———————

Los continentes están sobre la gruesa *corteza* de la Tierra. Esta corteza está formada de roca dura. Y tiene muchas partes separadas.

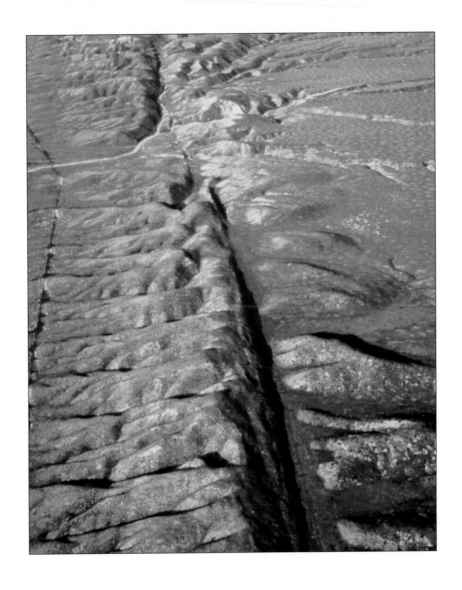

17

These parts of the Earth's crust can move. When they rub together, this makes an *earthquake*.

Estas partes de la corteza de la Tierra se pueden mover. Cuando se rozan una con otra, se produce un *terremoto*.

Earthquakes make the ground shake. They can knock down buildings.

Los terremotos hacen que el suelo se sacuda. Pueden derribar edificios.

Hot rock sits deep under the crust. This rock is so hot that it melts! Hot, soft rock is called *magma*.

Muy por debajo de la corteza, hay rocas calientes. ¡Estas rocas está tan calientes que se derriten! A las rocas calientes y blandas se las llama *magma*.

Magma can come out of the ground. This makes a *volcano*. Volcanoes dump *lava* onto the ground around them.

El magma puede subir a la superficie. Esto forma un *volcán*. Los volcanes arrojan *lava* sobre la tierra que los rodea.

Underwater volcanoes can make new islands.

Los volcanes submarinos pueden formar islas nuevas.

Not all rock is the same. Some rock is made when lava cools and gets hard.

Todas las rocas no son iguales. Algunas se forman cuando la lava se enfría y se endurece.

Some rock changes when the land around it pushes on it or heats it up.

Otras cambian cuando la tierra que las rodea las empuja o las calienta.

Some rock is made out of sand, mud, or even seashells that have hardened over time.

Algunas rocas están hechas de arena, lodo y hasta conchas de mar que se han endurecido con el tiempo.

Land covers only a small part of Earth. Land looks like it is still. But land is always moving and changing.

———————◆———————

La tierra cubre solamente una parte pequeña del planeta. Parece que la tierra estuviera quieta. Pero siempre está moviéndose y cambiando.

Challenge Words

continents The seven large land areas on Earth: Asia, Africa, North America, South America, Antarctica, Europe, and Australia.

crust The top layer of Earth.

dunes Hills made of sand, created by wind.

earthquake When pieces of the Earth's crust move.

erosion The changing of the land by wind or water.

lava Molten rock that issues from a volcano.

magma Molten rock inside the Earth.

plains Large, flat areas of land.

valleys The low land between hills or mountains.

volcano Molten rock coming out of the ground.

Palabras avanzadas

continentes Las siete grandes áreas de tierra de nuestro planeta: Asia, África, América del Norte, América del Sur, Antártida, Europa y Oceanía.

corteza Capa superior de la Tierra.

dunas Colinas de arena que forma el viento.

erosión Cambio de la tierra que producen el viento y el agua.

lava Roca fundida arrojada por un volcán.

llanuras Áreas de tierra grandes y llanas.

magma Roca fundida en el interior de la Tierra.

terremoto Cuando partes de la corteza de la Tierra se mueven.

valles Tierras bajas situadas entre colinas o entre montañas.

volcán Roca fundida que sale de la tierra.

Index

Índice

With thanks to Nanci Vargus, Ed.D., and Beth Walker Gambro, reading consultants

Marshall Cavendish Benchmark
99 White Plains Road
Tarrytown, New York 10591
www.marshallcavendish.us

Library of Congress Cataloging-in-Publication Data

Rau, Dana Meachen, 1971–
[Land. Spanish & English]
Land / by Dana Meachen Rau = La tierra / por Dana Meachen Rau.
p. cm. – (Bookworms. Earth matters = Nuestro planeta es importante)
Includes index.
ISBN 978-0-7614-3490-0 (bilingual ed.) – ISBN 978-0-7614-3465-8 (Spanish ed.)
ISBN 978-0-7614-3043-8 (English ed.)
1. Landforms–Juvenile literature. 2. Geomorphology–Juvenile literature. I. Title. II. Title: Tierra.
GB406.R3418 2009
551.41–dc22
2008017040

Editor: Christina Gardeski
Publisher: Michelle Bisson
Designer: Virginia Pope
Art Director: Anahid Hamparian

Spanish Translation and Text Composition by Victory Productions, Inc.
www.victoryprd.com

Photo Research by Anne Burns Images

Cover Photo by *Peter Arnold*/Patrick Frischknect

The photographs in this book are used with permission and through the courtesy of:
Photo Researchers: pp. 1, 26 N.R. Rowan; p. 8 James Steinberg; p. 11 Dennis Flaherty; p. 14 Kenneth Murray; p. 23 Fredrik Fransson; p. 25 Kaj.R. Svensson. *Peter Arnold*: p. 2 Achim Pohl; p. 6 Galen Rowell; p. 19 David J. Cross. *Corbis*: p. 5 Images.com; p. 9 Craig Lovell; p. 10 Corbis; p. 13 Eastcott; p. 18 Mark Downey/Lucid Images; p. 22 Jim Sugar; p. 29 Paul Hardy. *NOAA*: pp. 17, 24. *SuperStock*: p. 20 Ingram Publishing.

Printed in Malaysia
1 3 5 6 4 2